PETITE BIBLIOTHÈQUE
DE LA
COMMISSION D'ACTION MORALE SOCIALE

LES SANS-TRAVAIL

PAR

CHARLES GIDE
CHARGÉ DE COURS D'ÉCONOMIE SOCIALE A LA FACULTÉ DE DROIT DE PARIS
ET A L'ÉCOLE DES PONTS-ET-CHAUSSÉES

VALS-LES-BAINS
E. ABERLEN ET Cie, IMPRIMEURS-ÉDITEURS
1904

PETITE BIBLIOTHÈQUE
DE LA
COMMISSION D'ACTION MORALE SOCIALE

LES SANS-TRAVAIL

PAR

CHARLES GIDE
CHARGÉ DU COURS D'ÉCONOMIE SOCIALE A LA FACULTÉ DE DROIT DE PARIS
ET A L'ÉCOLE DES PONTS-ET-CHAUSSÉES

VALS-LES-BAINS
E. ABERLEN ET Cie, IMPRIMEURS-ÉDITEURS

1904

Extrait de la *Revue du Christianisme social*

LES SANS-TRAVAIL (1)

Ce n'est pas pour rien que les mendiants ont inventé cette formule : « Monsieur, je suis un pauvre ouvrier sans travail ». C'est qu'en effet, quoique inexacte neuf fois sur dix, elle est vraie dans certains cas et, quand elle est vraie, elle pose un problème si déconcertant et si angoissant que le plus grand sociologue du monde restera muet et se trouvera trop heureux de se dispenser de répondre en tirant deux sous de sa poche.

Qui sont les « sans-travail ? »

D'abord, il va sans dire qu'il ne s'agit pas de ceux qui *ne peuvent pas* travailler : invalides, enfants ou malades. C'est là une autre question : ce sont pour ceux-là d'autres solutions.

A mon avis, il ne s'agit pas non plus de ceux qui *ne veulent pas* travailler. Pour ceux-là l'initiative privée et la charité ne peuvent rien. L'État seul a les moyens nécessaires, en les demandant à la loi, de les forcer à travailler, et c'est ce qu'il fait dans divers pays. Il ne m'est pas bien démontré que l'État ait le droit d'employer les moyens coercitifs pour faire travailler un vagabond plutôt qu'un rentier, ni qu'il ait le droit d'enfermer celui-là dans une maison de travail forcé alors qu'il laisse celui-ci se promener au Bois ou à Monaco. Mais, je le répète, ce n'est pas là notre sujet. Il ne s'agit pas d'imposer le travail à ceux qui n'en veulent pas, mais de le procurer à ceux qui en demandent.

Il ne s'agit que de ceux qui sont capables de travailler et qui ont la bonne volonté de le faire, mais qui, par suite

(1) Rapport présenté le 10 décembre à la *Commission protestante d'action morale et sociale.*

de circonstances spéciales que nous allons expliquer, ne parviennent pas à réaliser leur désir.

Voilà le champ bien délimité.

Tout d'abord, y a-t-il beaucoup d'hommes dans cette situation ?

Assurément! Beaucoup et par tout pays. Dans les deux recensements de la population en 1896 et 1901, on a demandé à ceux qui étaient sans travail de le déclarer. Il y en a eu 280.000 la première fois, 360.000 la seconde. Depuis 1894 l'Office du travail demande à tous les syndicats ouvriers la proportion de leurs chômeurs. Dans les dix dernières années la proportion a varié, selon l'année, de 6 1/2 à 9 1/2 %, ce qui représenterait, si l'on étend ces proportions au nombre total des ouviers et employés de l'industrie et du commerce (qui est de 5.600.000) une population flottante de 360 à 580.000 sans-travail.

Mais il faut tenir compte que d'une part, les syndicats sont toujours enclins à exagérer le nombre des chômeurs ; que d'autre part, dans ces chiffres, figure un certain nombre de chômeurs appartenant précisément aux deux catégories que nous venons d'exclure : malades, paresseux, etc. Je crois donc qu'on peut s'en tenir au chiffre de 280 ou 300.000, soit 5 % de la population ouvrière. Mais il va sans dire que cette moyenne peut varier dans des proportions considérables selon l'année, selon le métier, ou même selon la saison.

Il est vrai que ce ne sont pas toujours les mêmes. Il y a un roulement qui chaque jour fait sortir des rangs de cette armée des sans-travail un certain nombre d'ouvriers, mais les remplace par d'autres. Faut-il voir là une atténuation ou une aggravation du fléau du chômage? Je ne sais. Peut-être, tout bien pesé, vaudrait-il mieux qu'une portion de la population, 300.000 par exemple, fut sacrifiée une fois pour toutes et serait-il plus facile, en ce cas, de lui venir en aide, plutôt que de voir une portion beaucoup plus considérable de la population ouvrière, peut-être un million, submergée tout à tour par la vague et luttant désespérément pour revenir à la surface et reprendre haleine en attendant un nouveau plongeon.

En tenant compte de ce roulement on peut dire que sur l'ensemble de la population salariée, il y en a la cinquième ou la sixième partie (de 15 à 20 %) qui n'a qu'un travail intermittent et se trouve par conséquent en état de chômage durant une portion plus ou moins considérable de l'année, en moyenne un quart de l'année : trois mois de vacances, comme les professeurs de l'État.

Le chômage est un fait que l'observation de tous les jours nous a rendu si familier qu'il a cessé de nous étonner. Il nous apparaît comme très naturel, quoique déplorable, probablement même comme inévitable. Cependant, quand on y réfléchit, c'est au contraire un phénomène déconcertant, inexplicable, une des énigmes de la science économique. Sans doute, il est facile de comprendre que tout travail ou, du moins, tout travail productif étant impossible sans la possession d'un instrument de production, terre ou capital, et tous les instruments de production, terres ou capitaux, se trouvant aujourd'hui appropriés par un certain nombre d'hommes, les prolétaires ne peuvent trouver du travail qu'en le demandant à ceux qui possèdent ces instruments de production. Cela est clair. Mais ce qui n'est pas clair c'est ceci : ces possédants, ces propriétaires ou patrons ne demandent pas mieux que de produire et de faire travailler, puisque leur profit se mesure précisément au nombre de travailleurs qu'ils emploient. Comment donc se fait-il que sans cesse le propriétaire ou fabricant réponde à l'ouvrier qui se présente : « Tous mes regrets! Mais je n'ai point de travail à vous donner ». Il veut dire évidemment qu'il a déjà le nombre d'ouvriers suffisant pour ce qu'il produit, et que s'il prenait un ouvrier de plus, il ne trouverait pas de débouchés pour le produit de cet ouvrier surnuméraire. Mais comment est-il possible que la production du pain, du drap, des chaussures, du linge, etc., ne puisse être accrue dans une société où il y a perpétuellement 3 à 400.000 familles, précisément celles des chômeurs, qui n'ont rien à manger et rien à se mettre sur le corps? « Comment se fait-il, se demande le sans-travail, qu'il n'y ait plus besoin de pain et que j'ai faim? Qu'il n'y ait plus besoin de chaussures et que je marche pieds nus? Qu'il n'y ait plus besoin de maisons et que je couche sous les ponts? Comment se fait-il qu'il y ait trop de tout et que je manque de tout?... »

Mais, continuera le sans-travail en s'adressant aux propriétaires : « Laissez-nous travailler avec vos terres et vos machines, et vous nous donnerez pour salaire tout ou même seulement partie des produits que notre travail aura créés. Vous n'aurez donc pas à vous inquiéter de leur chercher des débouchés. Nous serons nous-mêmes vos débouchés! Quelle raison pouvez-vous avoir de refuser? »

Hélas! Il n'est pas si facile qu'ils le croient pour le fabricant de répondre à leur demande car, pour cela, il faudrait deux conditions difficiles et même impossibles à remplir : — d'une part que le salaire de l'ouvrier fut suffisant pour lui permettre d'acheter les produits de son propre travail, ce qui n'est jamais le cas, car, alors où serait le profit du fabricant ou du propriétaire! — d'autre part que l'ouvrier fût disposé à consommer les produits de son propre travail, ce qui est très rarement le cas; car le sans-travail ne demande pas à faire du pain quoiqu'il ait faim, ni des souliers quoiqu'il soit nu-pieds, mais il demande à faire et ne sait faire que des ressorts de montre ou de la maroquinerie, ou des plaques de blindage, ou des articles quelconques dont ni lui, ni ses camarades, n'auront aucun besoin.

Et de ceci ressort cette première conclusion que le problème du chômage est lié à toute l'organisation économique de la société, non pas seulement à l'existence du salariat mais à la division du travail et à l'entreprise individuelle. Car, remarquez que même un travailleur indépendant, un producteur autonome, peut être un « sans-travail », par exemple le boulanger, le cordonnier, le coiffeur ou le cocher de fiacre, qui attendent vainement des clients. Et par conséquent la solution de ce problème est infiniment au-dessus de nos forces, non pas seulement des pauvres petits moyens d'action des diaconats protestants, mais même de toute action individuelle ou associée. Même l'action, pourtant très puissante, des syndicats ouvrier et des Bourses de travail, même celle de l'État ou des municipalités subventionnant ou créant des caisses de chômage, s'est montrée tout à fait insuffisante. Le Conseil supérieur du travail, dans sa dernière cession de novembre, à longuement étudié ces moyens d'action et finalement n'a pu aboutir qu'à formuler quelques vœux que nous ne pouvons guère nous approprier parce que nous ne sommes pas un corps législatif ni même consultatif auprès des pouvoirs publics.

Tout ce que l'on peut faire c'est donc, non de chercher une solution générale, mais d'analyser les diverses causes de chômage et les diverses catégories de sans-travail, et de rechercher pour chacune d'elles le remède approprié.

***

Il importe d'abord de distinguer deux causes très nettement distinctes du chômage.

L'une, qui est la plus facile à guérir, résulte simplement d'un *défaut de coïncidence* entre les offres et les demandes d'emploi. Que cette coïncidence soit rétablie, ce qui est toujours possible *en théorie* et, chacun étant casé, le chômage provenant de cette cause disparaîtrait complètement.

L'autre, qui est beaucoup plus grave, résulte de *l'insuffisance de l'offre du travail* relativement à la demande. Il y a plus de travailleurs disponibles que les conditions économiques de la production ne le comportent; donc il faut nécessairement que, tant que ces conditions ne seront pas changées, un certain nombre de bras restent inoccupés.

Reprenons ces deux grandes catégories et cherchons pour chacune d'elle les remèdes.

I

A quoi tient le défaut de coïncidence entre les offres et les demandes de travail?

A des causes diverses mais que nous pouvons grouper sous deux chefs.

§ 1. — La première c'est *la mauvaise répartition des ouvriers entre les divers métiers*. Il en est qui sont surpeuplés et où, par conséquent, il y a nécessairement chômage, tandis qu'il en est d'autres où on ne trouve pas assez d'ouvriers. On pourrait croire *a priori* que ce sont les bons métiers, c'est-à-dire ceux qui sont les mieux payés et les moins pénibles, qui sont les plus encombrés : et cela est vrai dans une certaine mesure, mais est loin d'être vrai en règle générale. Au contraire, c'est généralement dans les plus mauvais métiers, les plus rebutants, que se trouve la plus forte demande. Ainsi, de tous les métiers, l'un des plus encombrés et où le chômage atteint de telles proportions qu'il englobe en temps ordinaire les deux tiers des ouvriers, ce sont les ouvriers déchargeurs des ports. Pourquoi ? Parce que ce métier ne demande aucune condition d'intelligence, de probité, de sobriété, mais seulement les qualités d'une bonne bête de somme, de bonnes épaules et de bons bras. Tous ceux qui n'ont rien d'autre à offrir ou qui ont dégringolé tous les échelons professionnels, viennent choir dans cette foule.

Malheureusement au début de la vie pour faire choix d'un métier qu'il importerait de bien choisir, trop souvent l'ignorance ou la force des choses empêchent un choix éclairé. Plus tard, à toute époque de la vie, il n'est pas facile de savoir, comme l'on dit, se retourner. Beaucoup sont sans travail, non qu'il n'y ait point de travail, mais parce qu'ils manquent de l'énergie nécessaire pour s'en procurer. Mais ce ne sont pas nécessairement des incapables ni des paresseux. Pour trouver du travail dans les métiers les plus humbles, comme pour faire son chemin dans les plus hautes carrières, pour se faire embaucher par un contremaître dans quelque sale caboulot sur les quais de Marseille ou de Rouen, comme pour se faire nommer ambassadeur, il faut du savoir faire, il faut se pousser, il faut être plus ou moins un *struggle-lifer*. Beaucoup, en bas comme en haut de l'échelle, ne sont pas taillés pour la lutte pour la vie. Ce ne sont pas toujours les moins bons au point de vue moral ni au point de vue professionnel. Ce peuvent être des timides, ce peuvent être au contraire des hardis qui manquent de souplesse. C'est un fait avéré que ce qu'on appelle les meneurs sont souvent des sans-travail, non point toujours, comme on l'admet un peu perfidement, parce que ce sont des noceurs, mais parce qu'ils sont inscrits sur la « liste noire » que les patrons se passent de main en main et qu'ils ne trouvent pas à s'embaucher. Beaucoup en désespoir de cause se font cabaretiers. Ces sans-travail peuvent être même des dévoués et des altruistes qui n'aiment pas à bousculer leur prochain et à mettre en pratique le : ôte-toi de là que je m'y mette.

A cette première forme du chômage le seul remède paraît être l'instruction professionnelle. Elle aura un triple avantage :

Le premier sera de remplacer la lutte pour la vie sous la forme la plus brutale par une sélection raisonnée, déterminée d'après les capacités. Ce ne sera pas le premier occupant qui prendra la place, mais le plus capable de la remplir. Du moins ce sera une sage orientation vers cet idéal.

Le second sera de dégorger ces bas fonds du salariat où s'égorgent dans une mêlée confuse des ouvriers qui ne sont que des instruments à vil prix, pour élever le plus grand nombre d'ouvriers à la situation d'ouvriers qualifiés *skilled workmen*. Il y aura toujours des manœuvres sans doute, mais comme il y en aura moins, il y aura moins de concurrence entr'eux et moins de chômage dans cette catégorie misérable.

Le troisième sera de donner à l'ouvrier instruit la possibilité de changer de métier et par là d'avoir deux ou trois cordes à son arc. En admettant donc qu'il soit parti du mauvais pied en entrant dans un métier encombré, il sera en mesure de chercher une autre voie pour le plus grand bien non seulement de lui-même, mais de ses camarades à qui il ne fera plus concurrence (1).

§ 2. — Une autre cause de chômage est celle qui vient du *manque de fluidité de la main-d'œuvre*, si j'ose emplo-

(1) Quelques membres de la Commission, notamment M. le pasteur Trial, ont fait remarquer que le remède le plus efficace dans ce domaine serait d'empêcher l'émigration des campagnes à la ville, car c'est elle qui crée le plus grand nombre de chômeurs. Et les pasteurs de campagne devraient exercer toute leur influence pour l'empêcher, au lieu de donner à leurs paroissiens ruraux des lettres de recommandation auprès de leurs collègues pasteurs dans les villes.

yer cette expression. Il peut arriver très bien que dans telle industrie, par exemple celle de la chapellerie, ou même que dans toutes les industries, il y ait du travail pour tous les ouvriers et que néanmoins il y ait 10 ou 20 % des ouvriers en état de chômage. Il suffit de supposer que les ouvriers sont trop nombreux dans certains centres de production et pas assez dans d'autres. Il suffirait qu'ils se transportent de ceux-là dans ceux-ci pour que le chômage disparut dans cette profession. Et ce déplacement de la main-d'œuvre s'effectuerait avec autant de rapidité que celui de l'eau dans des vases communiquants, si le travail était aussi mobile que l'eau. Mais il ne l'est pas; le travail, c'est le travailleur, c'est-à-dire un être humain qui a ses racines quelque part et pour qui le déracinement est toujours une cause de souffrances et tout au moins de dépenses. Et encore ne suffit-il pas de consentir à se déplacer : il faut savoir où aller. Le travailleur n'est pas toujours bien renseigné. Par là il se trouve dans une double condition d'infériorité vis-à-vis du capital qui, lui, est toujours bien renseigné et roule avec la plus grande vélocité, car il n'est pas un homme, il est un écu. Il peut rouler même plus vite qu'un écu, avec la rapidité de l'électricité, car il suffit d'un ordre télégraphique pour faire accourir les capitaux d'un bout du monde à l'autre bout.

Cette cause de chômage est la plus fréquente, mais aussi la plus facile à guérir. C'est pour elle que fonctionnent les *bureaux de placement*.

Un remède plus savant avait été indiqué depuis plus d'un demi-siècle par un économiste de l'école classique, M. de Molinari. Il avait proposé de créer une Bourse de travail qui serait pour le marché de la main-d'œuvre ce que la Bourse proprement dite est pour le marché des capitaux, où à chaque jour et à chaque minute serait côté le prix du travail dans chaque localité et pour chaque industrie. Ce projet a été réalisé il y a une dizaine d'années par des établissements qui portent précisément ce même nom de Bourses du travail et qui ont été généralement crées par les syndicats ouvriers avec le concours des municipalités. Des tableaux, renouvelés hebdomadairement, indiquent le nombre des places vacantes et les salaires dans chaque localité.

Dans les Bourses de travail le placement est gratuit. Il l'est de même dans les bureaux de placement institués par les syndicats ouvriers ou patronaux, par les municipalités, par les sociétés de secours mutuels, par les diverses sociétés philanthropiques ou religieuses. Dans les bureaux de placement qui sont des entreprises privées, au contraire il faut toujours payer — pas très cher pour les ouvriers placés à demeure, mais trop cher pour ceux qui perdent leur place au bout de huit jours, terme après lequel le paiement est acquis, car il faut alors en chercher une autre et payer de nouveau. Et on accuse même les bureaux de placer exprès les ouvriers là où ils savent qu'ils ne resteront pas enfin de les forcer à revenir (1).

On sait quelle est la campagne violente menée contre les Bureaux de placement et qu'un vote de la Chambre les a supprimés. Assurément les Bureaux gratuits n'exploiteront pas les ouvriers mais reste à savoir s'ils leur trouveront autant de places. Ce n'est pas sûr, précisément parce que l'appât du gain faisant défaut à ces agents, il est à craindre qu'ils ne se donnent peu de peine.

Les Bureaux de placements n'opèrent généralement que pour la même localité. Les Bourses de travail rayonnent sur tout le pays et peuvent indiquer les places vacantes à l'autre bout de la France.

(1) Les institutions de placement ne manquent pas. Voici une statistique approximative :

1.455	Bureaux de placement payants	933.000	placements
32	Bourses de travail	103.000	—
826	Syndicats ouvriers	36.000	—
21	Syndicats patronaux ou mixtes	17.000	—
126	Sociétés de secours mutuels	46.000	—
189	Sociétés philanthropiques ou religieuses	50.000	—
51	Municipalités	60.000	—
2.700		1.245.000	—

On voit que le nombre des placements faits par les Bureaux payants l'emporte de beaucoup sur tous les autres réunis. Cependant il faut dire que la clientèle de ces bureaux est formée surtout par les domestiques, garçons de café ou de restaurant et ouvriers boulangers.

Il ne faudrait pas croire d'ailleurs que cet énorme total de 1.245.000 placements représente autant d'individus placés. La même personne malheureusement y figure souvent deux, trois et peut-être dix fois.

Mais ce n'est pas tout que de savoir où aller. Comme nous l'avons dit tout à l'heure, il y a un obstacle : c'est la peine et les frais du déplacement. Pour la peine et l'ennui, il n'y a rien à faire : il faut que l'ouvrier se résigne à une vie nomade comme celle du militaire ou de beaucoup de fonctionnaires. Mais en ce qui concerne la dépense, une institution très ingénieuse y pourvoit. C'est le *viaticum*, frais de route accordés par la Bourse du travail ou la Fédération syndicale à l'ouvrier, pourvu qu'il se rende à l'endroit où on lui indique des places vacantes. Le *viaticum* n'est encore malheureusement que très rarement pratiqué; s'il se généralisait, nul doute qu'il n'atténuât dans une proportion considérable cette cause de chômage.

Dans le petit État de Luxembourg, c'est l'État lui-même qui, par l'intermédiaire de ses bureaux de poste, joue le rôle de Bourse du travail. Des cartes postales gratuites permettent à toute personne qui offre ou demande un emploi d'en aviser le bureau de poste où tous ces renseignements sont centralisés, puis affichés partout.

Il me semble que les Diaconats pourraient très bien entrer dans cette voie par un échange de communications sur les places vacantes dans leur localités respectives, ou même en s'entendant avec les Bourses du travail. Il y aurait cependant une difficulté, c'est que celles-ci ignorent et doivent ignorer si leurs membres sont protestants ou non.

II

Admettons que la première cause du chômage ait été supprimée, c'est-à-dire que tous les obstacles à la parfaite adaptation de l'offre et de la demande du travail aient été levés — ce qui en théorie est possible — alors une bonne partie des sans-travail se trouvera casée. Malheureusement tous ne le seront pas, car la demande du travail dans tous les pays connus (sauf dans les colonies) étant supérieure à l'offre, il reste un excédent d'ouvriers disponibles qui, quelle que soit la perfection des institutions de placement, quelle que soit la mobilité du travail et l'aptitude hypothétique de chaque travailleur à occuper n'importe quel emploi, ne trouve pas à se caser. Un dicton méridional dit : chaque pot trouve son couvercle. Soit, mais à la condition qu'il n'y ait pas plus de pots que de couvercles, car s'il y a un plus grand nombre des premiers que des seconds, aucun système, si ingénieux qu'il soit, ne pourra empêcher qu'un certain nombre de pots ne restent sans couvercle.

En voici la preuve, qui nous est fournie précisément par les institutions de placement. Dans toutes, sans exception, les demandes de travail sont très supérieures aux offres. La proportion générale (par exemple pour 1901) est celle-ci : pour 100 offres d'emploi 256 demandes. En admettant donc que chaque offre fut couverte, il resterait encore 156 demandes sans offres correspondantes, soit les 3/5 environ (1).

En admettant que le chômage en France, comme nous l'avons dit au début de ce rapport, englobe 300.000 personnes, quelle est la part due à la première cause, défaut de coïncidence entre l'offre et la demande? et la part due à la seconde, insuffisance de l'offre? Il est impossible de le démêler, mais il y a lieu de craindre que la seconde ne soit la plus considérable, ce qui réduit de beaucoup les espérances que nous pouvions fonder sur le placement en tant que remède au chômage.

A quoi peut tenir ce phénomène économique? Est-ce un accident, une infirmité inhérente à la forme économique actuelle mais guérissable? Est-ce une loi permanente, une fatalité naturelle contre laquelle rien ne prévaudra?

Karl Marx et son école le considèrent comme un vice propre au régime capitaliste et par conséquent destiné à disparaître avec lui. Il démontre que le régime capitaliste subit des expansions et des contractions périodiques qui sont les conditions même de son fonctionnement, et qu'en conséquence il ne peut vivre sans une marge de main-d'œuvre disponible dans laquelle il puise aux époques d'activité, et dans laquelle il rejette l'excédent dans les

(1) C'est la moyenne. Mais il est certains emplois, comme celui de concierge des établissements publics, (ou même des cimetières!) où il y a plusieurs milliers de demandes pour une offre! En revanche, pour l'emploi de valet de ferme, ou même pour le métier poétique de berger, il y a parfois moins de demandes d'emploi que d'offres.

périodes de dépression; une espèce de poulpe monstrueuse qui se gonfle et se dégonfle en aspirant et en vomissant tour à tour l'eau dans laquelle il se baigne et se nourrit.

Nous en donnerons une explication qui est moins sinistre, mais guère moins consolante, en disant que l'excédent de la demande du travail sur l'offre est une conséquence nécessaire du progrès, dans l'ordre économique tout au moins. En effet, en quoi consiste un progrès économique quelconque — invention mécanique ou meilleure organisation du travail — sinon à obtenir un plus grand résultat avec un moindre effort? c'est-à-dire, par définition même, à supprimer une certaine quantité de travail sur un point donné? Sans doute, ce même progrès, par le stimulant qu'il donne à la production, ne tarde pas à rappeler le travail dépossédé, mais comme le progrès est incessant, incessante aussi est cette expropriation du travail. Et c'est pour cela que le chômage est peut-être le plus intense dans les pays, comme les États-Unis, où le progrès économique est le plus accéléré. Si au contraire un jour les peuples passaient de l'état dynamique à l'état statique, à l'état stationnaire — perspective que nous saluons sans appréhension (1) — alors le chômage cesserait et ce ne serait pas un des moindres bienfaits de ce régime futur.

Analysons maintenant les principales manifestations de cette seconde forme de chômage, comme nous l'avons fait pour la première.

§ I. — La cause principale, la plus active, c'est la *modification de l'outillage et des procédés industriels,* soit l'invention d'une machine nouvelle (comme la machine à composer qui est, depuis dix ans, le cauchemar des ouvriers typographes de tous métiers), soit même un développement du travail intensif, par exemple si l'on peut obtenir d'un ouvrier, comme de l'ouvrier américain, qu'il conduise à la fois deux, trois et jusqu'à cinq métiers à tisser ; en un mot, ainsi que nous l'avons fait remarquer déjà, tout progrès industriel sous une forme quelconque.

De toutes les catégories des chômeurs, c'est la plus digne

(1) Voir notre article dans le numéro d'octobre de la *Revue du Christianisme social,* sur *le Désir du profit.*

d'intérêt, car on peut dire d'eux qu'ils sont les victimes, les victimes expiatoires, des progrès industriels dont les autres classes sociales, les patrons et les consommateurs, sont appelés à bénéficier. On pourrait vraiment dire d'eux qu'ils sont expropriés pour cause d'utilité publique et qu'à ce titre ils devraient recevoir, comme le veut la loi, une légitime et préalable indemnité. On a bien voté des indemnités aux Bureaux de placement supprimés! Malheureusement il n'y a là qu'une assimilation trop vague pour asseoir un droit proprement dit. Si la société devait indemniser toutes les victimes du progrès, cela irait loin, d'autant que ce ne sont pas seulement les ouvriers qui peuvent se trouver dans ce cas, mais aussi les patrons et chefs d'industrie.

De remède absolu, je veux dire qui puisse guérir le mal, il n'y en a point, mais il y a quelques palliatifs. Il y a des mesures de défense prises par les associations d'ouvriers, créées, aux termes de la loi, « pour la défense des intérêts professionnels ». C'est bien ici le cas.

Les syndicats ouvriers ont renoncé depuis longtemps à se mettre en travers du progrès industriel et à briser les machines. Ils l'acceptent non seulement parce qu'ils comprennent qu'aucune force humaine ne saurait l'empêcher, mais parce que l'expérience leur a appris que les ouvriers eux-mêmes sont appelés, après un temps d'épreuves, à en bénéficier par une hausse des salaires. Ils s'efforcent seulement d'adoucir la période de transition en empêchant le patron de congédier les ouvriers rendus disponibles et surtout de les remplacer par des femmes ou des enfants' ou tout au moins en réclamant pour les ouvriers employés aux machines une partie du bénéfice que le patron et le public doivent en retirer sous forme de profits ou d'économies.

Ils cherchent aussi — et en ceci leur action est plus critiquable au point de vue de l'intérêt public et de leur propre intérêt — à empêcher les ouvriers de trop produire afin de laisser du travail pour les autres. Ils leur donnent pour consigne de se retenir et de ne pas dépasser, soit à la journée, soit à la tâche, une certaine mesure fixée. Ce ne sera qu'à grand peine qu'ils permettront à l'ouvrier de Lille et de Roubaix, quand même il serait en état de le faire, de conduire quatre ou cinq métiers, comme l'ouvrier américain. Ils lui diront qu'il enlève le travail à ses camarades. Et c'est là peut-être une des causes de l'infériorité de l'industrie française.

Ils cherchent enfin à faire réduire autant que possible la durée de la journée de travail dans la pensée, en partie fondée, que si l'ouvrier ne travaille que 8 heures par jour au lieu de 16, il faudra que le patron se procure deux ouvriers au lieu d'un et qu'ainsi la demande de bras doublera. Le chômage désastreux des journées perdues sera remplacé par le chômage joyeux (car alors il s'appelle le loisir) des heures rendues libres dans la journée, correctif excellent à l'action du machinisme.

Les patrons, de leur côté, peuvent beaucoup pour atténuer ces chômages dus à la transformation de leur outillage. Ces perfectionnements de l'outillage leur laissent en effet presque toujours la faculté d'opter entre ces deux partis : ou produire la même quantité que par le passé en supprimant une partie de la main-d'œuvre, ou produire une plus grande quantité que par le passé en conservant la même main-d'œuvre. Le second parti est à la fois le plus humain pour les ouvriers, le plus conforme à l'intérêt social et même à leur intérêt propre, puisqu'en fin de compte c'est l'agrandissement de leur industrie. Et s'ils mettent en pratique ce devoir-là, ils auront le droit en retour d'exiger des ouvriers qu'eux aussi agrandissent et portent au maximum, sans restriction volontaire, leur capacité de travail (1).

Un autre palliatif entre les mains des ouvriers, ou des patrons, ou des philanthropes, ou de l'Etat, ou de tous réunis, c'est l'institution des *caisses de chômage*, c'est-à-dire des indemnités payées à l'ouvrier aussi longtemps

(1) Quelques membres de la Commission ont fait remarquer que les patrons avaient aussi un moyen de supprimer ou d'atténuer considérablement le chômage, qui était de ne faire travailler leurs ouvriers qu'un certain nombre de jours par semaine, cinq jours, par exemple, ou même quatre seulement. C'est une façon de répartir le chômage également sur tous les ouvriers au lieu d'en sacrifier quelques-uns seulement. Les bons ouvriers eux-mêmes généralement, par esprit de solidarité, acceptent assez bien cette mesure quoique très pénible.

D'après M. Gounelle, ce système est pratiqué régulièrement pendant une partie de l'année dans les tissages de Roubaix.

qu'il est sans travail. Si cette indemnité lui est allouée gratuitement, alors c'est un mode d'assistance : qu'on la désigne sous le nom de « solidarité », cela n'en change pas la nature. Si cette indemnité n'est accordée qu'à ceux qui ont payé à l'avance une certaine prime, en ce cas c'est un mode d'assurance. Seulement le risque étant considérable et incessant, la prime d'assurance, si elle est sincère, je veux dire exactement calculée de façon à équilibrer les charges, est très élevée, trop élevée pour le budget d'un ouvrier. Aussi on tend aujourd'hui à combiner à la fois une prime modique payée par l'ouvrier et une subvention payée par la municipalité. C'est le système de Gand, qui est une façon assez ingénieuse de marier l'assurance et l'assistance, et qui vient d'être recommandé pour la France par le Conseil supérieur du travail dans une série de vœux (1).

Mais la caisse de chômage, comme on le voit, n'a pas pour but d'empêcher le chômage. Elle a seulement pour but de réparer le préjudice pécuniaire causé par le chômage, de même que l'assurance contre l'incendie n'a pas pour but d'empêcher les incendies mais seulement de dédommager du préjudice causé. Non seulement l'assurance contre l'incendie ne prévient pas les incendies, mais

(1) Le principal de ces vœux, c'est « que les caisses locales de secours contre le chômage soient subventionnées par les municipalités, à la condition : que les subventions soient réparties entre toutes les caisses de chômage existantes dans la localité et satisfaisant à des conditions générales ; et que, pour chacune de ces caisses, la subvention annuelle soit inférieure aux cotisations des membres participants. »

Ce vœu est inspiré par l'exemple de la ville de Gand où le système des caisses d'assurance créées par les syndicats ouvriers et subventionnées par la commune, a donné, depuis deux ans, de très bons résultats. Quelques villes de France (Dijon et Limoges) sont entrées aussi dans cette voie.

Le Conseil supérieur du Travail a demandé aussi que les charges nécessaires à l'assurance contre le chômage soient réparties entre les ouvriers, patrons, les municipalités et l'État.

Quelques membres de la Commission ont fait remarquer que si ce vœu devenait loi, les Diaconats pourraient créer des caisses de chômage qui bénéficieraient comme les autres des subventions des municipalités et de l'État.

plus d'une fois elle les a provoqués ; et ici de même il est permis de se demander si les caisses de chômage, bien loin d'empêcher le chômage n'auront pas pour effet de le généraliser ! Car, s'il est difficile de trouver du travail, même en y prenant beaucoup de peine et même alors qu'on n'a rien à manger tant qu'on n'en a pas trouvé, il est à craindre que celui qui, au contraire, aura à toucher une indemnité pour chaque jour de chômage ne se donne beaucoup moins de peine et ne mette beaucoup plus de temps à trouver du travail (1).

§ 2. — Une autre cause très fréquente de l'insuffisance de l'offre du travail, ce sont les irrégularités périodiques de la production dans certaines industries. Il y a beaucoup d'industries *saisonnières,* c'est-à-dire des industries qui par leur nature mêmes sont sujettes à des mortes-saisons. La plus caractérisée est celle de ces pêcheurs de sardines dont on a tant parlé l'année dernière, mais il y en a bien d'autres, telles que les fabrications de conserves de fruits et de primeurs, ou même l'industrie des maçons qui, ne pouvant travailler qu'en plein air, ne travaillent guère en hiver.

Il en est d'autres qui sont saisonnières aussi, mais le sont non en vertu des lois naturelles et des nécessités de la production mais seulement des convenances de la consommation. Si la nature fait mûrir les fraises au printemps et fait voyager les sardines en automne, c'est elle aussi qui oblige les messieurs et les dames à porter des fourrures en hiver et des chapeaux de paille en été. Les ouvriers fourreurs ou ceux qui fabriquent des chapeaux de paille auront donc une saison de « coup de feu » et une « morte-saison ». On sait que la toilette des dames doit varier suivant la saison, qu'on ne fait pas la toilette de bal pour l'été, ni des costumes de bains de mer pour l'hiver. De là pour tous

(1) Quelques membres de la Commission, notamment MM. Lichtenberger et Gounelle, ont fait observer que lorsque les caisses de chômage sont entre les mains des associations ouvrières, les administrateurs ouvriers savent très bien les défendre contre les camarades peu scrupuleux.

les ouvriers de la confection, des alternances de surmenage avec longues veilles et de chômage.

Si même les salaires des jours prospères étaient suffisants pour compenser les périodes de chômage, cette situation n'en serait pas moins déplorable, car rien n'est plus démoralisant que d'être balloté entre un travail épuisant et une oisiveté mauvaise conseillère. Pour les hommes, par exemple, pour les *dockers,* c'est une des causes les plus actives de l'alcoolisme. Et d'ailleurs ce serait trop demander à la sagesse d'une femme ou d'une jeune fille ouvrière que d'imiter la fourmi et de prélever la moitié de son gain pour quand la bise viendra. Les Midinettes et les Mimi-Pinsons ressemblent plutôt à la cigale qu'à la fourmi. Mais d'ailleurs, même pour les prévoyantes, cette compensation n'existe que partiellement. L'offre des bras est telle que, même dans les périodes de coup de feu, les patrons n'ont pas besoin de beaucoup élever le taux de leurs salaires pour se procurer la main-d'œuvre nécessaire.

En ce qui concerne le chômage dû à des causes climatériques et d'ordre physique, il est clair qu'il n'y a rien à faire — si non à engager les ouvriers de ces industries à avoir deux métiers différents, un par saison. Cela n'a rien d'impossible. Les paysans russes cultivent leurs terres pendant l'été et, quand l'hiver les recouvre de neige, ils vont tous comme ouvriers dans les fabriques. Les guides et porteurs des vallées de Chamonix et de Zermatt sont menuisiers ou cordonniers pendant l'hiver. Celui qui réussirait à apprendre aux pêcheurs de sardine ou de morues en Bretagne un autre métier, pour les mois où ils ne vont pas à la grande pêche, leur rendrait un signalé service et enrayerait l'alcoolisme dans cette province.

Mais en ce qui concerne le chômage des industries saisonnières où c'est la mode plus que le ciel qui fait les saisons, ici ce sont les consommateurs, les clients, qui tiennent le remède. Il suffit que les messieurs et les dames, surtout les dames, prennent pour règle de commander en été leurs vêtements d'hiver et en hiver leurs costumes d'été. C'est une habitude à prendre, voilà tout. Sans doute il faudrait pour cela que les élégantes s'imposent certains sacrifices, le plaisir d'étonner le public par une nouveauté ou, comme on dit, une « création » improvisée en une nuit. Mais ce sacrifice ne serait pas sans doute au-dessus des forces des femmes qui veulent pratiquer leur devoir social ou tout simplement leur devoir de femmes chrétiennes. Les femmes des diacres pourraient commencer.

Il y a depuis dix ans aux États-Unis, et il vient précisément de se constituer en France, une société de dames qui vise ce but et, quoique de couleur catholique jusqu'à présent, je ne saurais trop vous la recommander. Elle s'appelle la *Ligue sociale d'acheteurs*. « Nous voulons, dit, son programme, créer une demande du travail exécuté dans des conditions morales et sociales ». Elle indique quelles sont les conditions auxquelles les acheteurs devront se conformer. Il en est qui ne rentrent pas dans notre sujet, mais une d'elles est celle-ci :... « 2° Toujours éviter de faire ses commandes au dernier moment, surtout aux époques de presse. »

Et il suffirait que les patrons et fabricants se sentissent soutenus par la majorité ou une partie notable de leur clientèle, pour qu'ils pûssent modifier les conditions du travail en le répartissant sur toute ou la plus grande partie de l'année et en supprimant les veillées. Ce n'est pas pour leur plaisir qu'ils font veiller à certaines époques et s'attirent des procès-verbaux des inspecteurs du travail, et qu'à l'inverse ils ferment leurs ateliers durant des mois, leurs frais généraux courant toujours.

§ 3. — Enfin une des dernières causes du défaut d'offre du travail, du manque d'emploi — et la plus triste — c'est *l'âge* de l'ouvrier.

Quand on classe les sans-travail par catégories d'âges, on voit que le plus grand nombre appartiennent à la catégorie, je ne dis pas des vieillards, ceux-ci rentrant dans la catégorie des invalides que nous avons écartée de cette étude, mais des ouvriers qui ont atteint ou dépassé la cinquantaine. Ceux-là, s'ils sont depuis longtemps en place ont des chances de la conserver, quoique peut-être avec un salaire réduit, mais s'ils n'ont pas une place, ils n'ont que bien peu de chance de s'en procurer une et ils se trouvent condamnés à un chômage prématuré qui devance de beaucoup l'heure de la vieillesse et de la retraite normale. C'est un des côtés les plus douloureux de l'existence ouvrière et qui jusqu'à présent n'avait guère attiré l'attention des philanthropes ou des sociologues (1). Il vient de faire l'objet d'un rapport très complet de M. Coulon, président du Conseil d'État au dernier congrès d'assistance, à Bordeaux. Malheureusement, si le rapporteur a pu longuement étudier le mal, il n'a guère pu indiquer de remèdes (2). Car il n'est pas facile de trouver un emploi productif pour le travail manuel passé un certain âge. C'est précisément pour cette raison que dans les Utopies et les Icaries socialistes, par exemple dans le roman de Bellamy *Looking Backward,* l'âge de la cessation du travail est fixé à 45 ans. Après, le travailleur disposera du reste de sa vie pour philosopher.

C'est ici surtout, quoiqu'on puisse l'employer aussi pour les cas précédents, que vient se placer naturellement ce remède connu qui s'appelle *l'assistance par le travail.* Il va sans dire qu'il faut l'employer, le recommander, le propager, parce qu'il a un effet immédiat, parce qu'il donne du pain à celui qui a faim et en même temps écarte le chômeur volontaire, mais il ne faut pas se faire de grandes illusions sur son emploi. L'assistance par le travail navigue péniblement entre deux écueils. De deux choses l'une, en effet :

(1) Dans l'industrie de la taille des diamants, à partir de 35 ans, l'ouvrier n'a plus la vue assez perçante pour faire son métier. Il doit en chercher un autre. L'âge de la retraite dans les chemins de fer est de 55 ans. Même dans les magasins, comme le Bon Marché ou le Louvre, où pourtant il n'y a pas de grands efforts musculaires, on remarquera qu'il n'y a point d'employés, hommes ou femmes, âgés.

(2) Voici les conclusions de ce Rapport : « Nous croyons devoir recommander, mais seulement à titre d'essai, la création de deux établissements, l'un industriel, l'autre agricole, destinés à fournir du travail d'une façon permanente aux ouvriers valides, trop agés pour trouver un emploi régulier dans l'industrie ou l'agriculture.

Ces établissements, qui pourront se multiplier dans l'avenir, si la première expérience leur est favorable, resteront la propriété de la Société qui les aura fondés, mais les bénéfices nets résultant de l'exploitation seront répartis entre les travailleurs proportionellement à l'importance de leur travail. »

Ou bien elle fait faire à l'assisté un travail inutile, je veux dire improductif, qui n'est qu'une forme déguisée de l'aumône, et pire que l'aumône, parce qu'elle irrite l'assisté et dégrade à la fois ces deux choses sacrées, la charité et le travail, en faisant de la première un pensum et de la seconde une corvée. Le travail de Sisyphe ou celui des Danaïdes n'était fait que pour l'enfer. Et pourtant c'est précisément celui de beaucoup d'œuvres d'assistance par le travail. Quel est le résultat? C'est que le chômeur involontaire en sortira pour la vie chômeur volontaire, de même que tant de conscrits sortent de la caserne antimilitaristes.

Ou bien elle fait faire à l'assisté un travail vraiment productif, rémunérateur, mais dans ce cas il est probable qu'elle enlèvera tout simplement ce travail à un certain nombre de travailleurs qui deviendront à leur tour des sans-travail. Le chômage n'aura pas été supprimé, il aura été simplement déplacé. Si on ne s'en aperçoit pas d'ordinaire, c'est que le plus souvent l'assisté rentre dans le premier cas : c'est qu'il ne fait rien qui vaille et par là ne porte préjudice à personne. Mais si tous les chômeurs de France étaient enfermés dans des ateliers d'assistance par le travail et forcés de faire des travaux utiles, nul doute qu'il n'y eut sur le marché du travail libre une répercussion terrible. Déjà même les humbles besognes accomplies dans les maisons d'assistance ou dans les chantiers municipaux d'assistance, la confection de petits fagots ou de talons de chaussures, le nettoyage des rues ou le cassage des pierres, ne laisse pas que de porter préjudice à un certain nombre de pauvres diables.

Il n'y a qu'un cas où l'assistance par le travail put échapper à ce double danger et dans ce cas elle serait le plus excellent de tous les remèdes : c'est si elle pouvait employer ces sans-travail dans une *industrie nouvelle,* si elle pouvait faire surgir de terre une nouvelle source de richesses. Malheureusement il ne faut guère compter sur des assistés dirigés par des philanthropes pour faire jaillir des sources de richesses. Ce n'est pas avec des sans-travail que l'on a créé l'industrie des automobiles.

Cependant le travail agricole satisfait assez bien à cette condition de créer des richesses nouvelles sans déloger d'autres travailleurs, surtout quand il s'emploie à défricher des terres incultes. Voilà pourquoi *la colonie agricole* constitue certainement le meilleur mode d'assistance par le travail, en théorie du moins, car en fait les essais heureux ne sont pas nombreux. Cependant il y en a eu quelques-uns en Suisse, en Hollande, en Allemagne aussi, quoique là ils commencent à être un peu discrédités. On pourrait bien essayer une colonie agricole protestante en France, en commençant précisément par y recevoir les sans-travail les plus dignes d'intérêt, c'est-à-dire les ouvriers agés. Malheureusement c'est précisément quand on est âgé qu'il est un peu tard pour se mettre au travail de la terre, à moins que ce ne soit pour tailler des rosiers ou greffer des pommiers.

En terminant j'indiquerai encore un autre mode d'assistance par le travail qui me paraît très supérieur aux autres au point de vue moral : ce serait celui fourni par les ouvriers eux-mêmes créant des ateliers de chômage qui fonctionneraient comme association coopérative de production au profit des ouvriers eux-mêmes qui y travailleraient. Seulement il y aurait un inconvénient grave, celui de surcharger la production et par là peut-être d'aggraver le chômage à l'heure même où elle aurait besoin d'être desencombrée. En somme, c'est triste à dire, mais au point de vue économique, le seul remède efficace au chômage c'est précisément le chômage, conformément au précepte de l'école homéopathique : *similia similibus.*

*
* *

Comme conclusion pratique, je n'en ai pas à proposer. Ce rapport n'a d'autre caractère que celui d'une simple introduction destinée à montrer les divers aspects de la question et les difficultés de sa solution.

Cependant :

La création d'ateliers d'assistance par le travail pour les chômages temporaires (1) et de colonies agricoles pour les chômages permanents;

(1) M. le pasteur Robin, fondateur de la Maison d'assistance par le travail, de la rue Fessart, a parlé du bien qu'avait fait cette institution.

L'entente des Diaconats entr'eux et même avec les Bourses de travail, en vue d'un service de renseignement de placement et même de *viaticum* ;

L'action morale exercée sur les consommateurs, ou même la création de ligues spéciales, en vue d'engager le public à mieux régler ses commandes ;

Des subventions accordées aux sociétés de secours mutuels (là où il y en a de protestantes) sous condition de créer des caisses de chômage ;

Tels me paraissent être les moyens d'action qu'on pourrait conseiller aux Diaconats.

Et les membres de la Commission ont rendu hommage à cette œuvre excellente, tout en remarquant que si elle devait se généraliser, il est probable qu'on ne trouverait plus de débouchés « aux margotins » qui constituent jusqu'à présent la presque unique fabrication de cette œuvre et de toutes celles similaires.

www.ingramcontent.com/pod-product-compliance
Ingram Content Group UK Ltd.
Pitfield, Milton Keynes, MK11 3LW, UK
UKHW021037200726
13857UKWH00005B/1774